물오리나무 겨울눈

정의순 시집

도서출판 실천

물오리나무 겨울눈
실천 서정시선 100

_____

초판 1쇄 인쇄 | 2024년 10월 21일
초판 1쇄 발행 | 2024년 10월 28일

지 은 이 | 정의순
발 행 인 | 이어산
기 획 · 제 작 | 이어산
발 행 처 | 도서출판 실천
등 록 번 호 | 서울 종로 바00196호 　등 록 일 자 | 2018년 7월 13일
　　　　　　| 진주 제2021-000009호　　　　　　　| 2021년 3월 19일
서울사무실 | 서울특별시 종로구 율곡로 6길 36
　　　　　　 02)766-4580, 010-6687-4580
본사사무실 | 경남 진주시 동부로 169번길 12, 윙스타워지식산업센터 A동 705호
　　　　　　 055)763-2245, 010-3945-2245　팩스 055)762-0124
편 집 · 인 쇄 | 도서출판 실천
디자인실장 | 이예운　　디자인팀 | 변선희, 김승현, 김현정

ISBN 979-11-92374-62-8
값 12,000원

* 이 책은 전부 또는 일부 내용을 재사용하려면 저작권자와 '도서출판 실천'의 동의를 받아야 합니다.
* 이 책의 국립중앙도서관 출판예정도서목록(CIP)은 서지정보유통지원시스템(http://seoji.nl.go.kr)과 국가자료종합목록시스템(http://www.nl.go.kr/kolisnet)에서 이용하실 수 있습니다.
* 잘못된 책은 교환해드립니다

물오리나무 겨울눈

정의순 시집

■ 시인의 말

평범한 일상이 축복입니다.

_ 정 의 순

■ 차례

1부

부부	13
액자 속의 키스	14
콜라비	16
명품 만들기	18
네 살	20
할아버지	22
1호선 첫차	24
셋째 손녀, 주은이	25
도와주세요	26
수채화	28
상고대	29
주문	30
덩굴손	31
지렁이 글씨	32
일방통행	34
해산	36

2부

너도 예뻐 41
이름 42
아침 신문 44
봄에게 46
덤 47
잠시, 멈춤 48
불면증 49
미역국 50
생강나무꽃 52
마 원피스 54
무제 I 56
무제 II 57
손녀 말 배우기 58
한탄강 59
약속 60
꼬리표 61
홈트 강사 62

3부

부러운 시바타 도요 67
시 쓰는 할머니 68
어반스케치 70
오월 72
습작시대 73
그때는 74
수첩 76
김치 냉장고 77
친정엄마 78
갱년기 80
새해에는 82
용답동 매화 84
게으름 85
태백산 86
일흔 살 새해 88
502호 할머니 90
소심한 일상 92

4부

허브 카페　97
거울　98
바늘귀　100
시작 Ⅰ　102
시작 Ⅱ　104
시작 Ⅲ　106
김장　108
다이어트　110
古稀　111
버팀목　112
화해　114
오십견　116
내 친구　118
달력　120
어떤 일상　121
양배추 물김치　122
해설　124

1부

부부

한 입 베어 문 감자를
맛있게 익었다고
얼른 건네준다

냉큼 잘 받아
먹는다

액자 속의 키스

창 밖 비둘기 두 마리가
서로 부리를 맞댄다

길 가다가
돌부리에 걸려 넘어진
그 남자는
살짝 머리를 다쳤는데
두 달째 병상에서 못 일어나고
알 수 없는 말을 중얼거리며
눈만 껌벅거린다

가습기의 수증기가 안개처럼
창을 덮는다
바깥에 나가지 못하는 내가
섬 하나로 떠오른다

섬은 젖어 있고

움직이지 못한다

누군가 한 번 쯤
섬에게 노크해도 좋은데
아무도 없어요
섬이 섬에게 노크한다

삐죽삐죽한 울음이
섬을 찌른다

사는 것도 죽는 것도
한 순간인데

밖의 세상에선
비둘기 두 마리
아직도 부리를 맞대고 있다

콜라비

보고 또 보고
고르고 고른 콜라비
베란다 검은 봉지 속에 넣어두고
깜박 잊었다
며칠 후
우연히 들여다본 그곳에
저장된 울음도 다 말랐는지
기운이 빠져있는 콜라비

자다 깨니
캄캄한데 아무도 없고
아무 소리도 들리지 않는 곳에
혼자 남겨진 아이처럼
눈물이 흘러 움푹한 골이 패였다

소리 내지 않고
얼굴을 최대한 찡그리지 않고

울다가
엄마가 나타나
불을 켜고 수돗물을 틀고 왁자지껄

아직도 자고 있었어?
묻는다면
언제 그랬냐는 듯
반가운데 눈물이 주르륵 흐른다

콜라비,
만찬장 주인공이 아니라도
잠시 물에 담그니
물기 가득한 아삭함이 즐겁다
물오리나무 겨울눈처럼 솟아오르는
힘이 느껴진다

명품 만들기

자투리 헝겊을 싹둑싹둑 잘라
이리 붙이고 저리 붙여서
한땀 한땀 정성껏 손바느질을 한다

서로 알지 못하던 사이였는데
꿰매 놓으니 멋지게 어울린다

느닷없이 토라졌던 너와 나 사이의
눈물과 웃음도 이리 저리 붙여 본다

자꾸만 바늘이 손가락을 찌른다
찔린 손가락에서
설움이 방울방울 솟아오른다
이까짓 것
잠시 꼬옥 누르고 있으면 괜찮아지지

도망가지 않게

더 이상 찢어지지 않게
촘촘히 세월을 바느질한다

요즘
싹둑 자른 천들을 모아
조각조각 붙여 새로운 추억을 만드느라
잠도 안 잔다

네 살

이제 겨우 세 돌 지난 둘째 손녀
어찌나 말을 잘하는지
마치 내 친구와 이야기하듯
주거니 받거니 대화가 된다

일곱 명이 함께 사는 대가족이라
두 돌이 되기 전에
말문이 트여
온 집안이 조용할 날이 없다

한 살 위 언니가 있어
어쩌다 언니 동생 이름을
바꿔 부르면
얼마나 서운해하는지
"할머니는 맨날 실수해"
금세 입을 삐죽거린다
좋아하는 딸기 간식 챙겨주면

"할머니가 젤 이뻐"
그 조막만한 손으로 엄지척한다

네 살 손녀가 일흔살 할머니를
들었다 놓았다
힘도 세다

할아버지

손자 셋을 내리 낳은 장손 며느리
우리 엄마에게
이제는 손녀가 있으면 좋겠구나
할아버지 한마디가 주문처럼 피어올라
내가 태어났다

백일도 안된 나를 태울
유모차 목마를 대문 앞에 세워놓고
아가는 언제 나오니?
할아버지 어흠, 헛기침 재촉에
바깥 나들이 시작되었다

망둥이 잡으러 이른 새벽 길 나선
할아버지 뒤를 쫓아간다
지렁이 달린 낚싯대가 빛난다
그날 저녁, 할아버지 독상에 앉아
가시 발라놓은 망둥이는 모두 내 차지

고깃국 흰쌀밥 차려놓았는데

백서른 살 할아버지

목마 타고 훨훨 바다로 나가신다

1호선 첫차

모두 눈을 감고 있다
아직 누덕누덕
남아있는 어제의 고단함이
컴컴한 길을 따라 온다

첫차 전철엔
만원 버스처럼 꾸역꾸역 사람이 탄다
콧등에 미끄러지는 마스크도
아랑곳하지 않고 서둘러 한 발 들여놓는다

그저 무겁기만 한 눈꺼풀
떨군 고개 사이로
흙먼지 가득 묻은 작업화만 보인다

인천까지 가는 긴 노선
멈추는 역마다
서늘한 바람이 쑥 들어와
먼지 묻은 신발을 닦아준다

셋째 손녀, 주은이

꼭 두 달된 셋째 손녀
벌써 눈 맞추고 생긋 웃는다

첫째와 둘째에게
마음을 모두 뺏겨
셋째에게 갈 마음이 있나
망설이는 할머니를 보며
또 방긋 웃는다

그저 누워만 있는 아가를
들여다보며
옹알이에 장단 맞춘다
"네가 제일 예쁘구나"

도와주세요

다섯 살 손녀는
세수할 때도
장난감을 찾을 때도
툭하면
"도와주세요"
손을 내민다

내미는 작은 손을 잡으면
얼른 다가와
폭 안기며
"할머니가 젤 좋아"
예순 넘은 마음을
흔들어댄다

"고마워"
손녀는 그저 방긋 웃으며
반짝거리는 얼굴로 쳐다본다

그 한마디에
하늘 별이 쏟아진다

수채화

춘삼월 벚꽃이 일렁거린다
이빨이 다 빠져 오물거리는
증조할머니는
꽃을 볼 때마다 곱다고 하신다

할머니 비 와요
내가 얼른 그 품으로 뛰어든다
꽃잎이 살폿 머리 위에 앉는다

머리 위에 앉은 꽃잎을
입으로 가져가 오물거리시며
꽃보다 더 곱다고
꼭 안아주신다

상고대

하늘이 맑다
매서운 찬바람 속

주목, 안개꽃이 맺혔다
푸른 잎마다 유리처럼 서늘한

햇살이 퍼지면 곧 사라질
그 짧은 순간

주문

다용도실 문 앞에 떨어져 있는
양말 한 짝을 주워 들고
남편을 흘깃 쳐다 본다

소파에 편안히 기대
신문을 읽고 있다

세탁기 앞에 떨어져 있는
손수건도 주워 든다

내겐 너무 쉽고 당연한 일을
기어이 한소리를 하려다 말고
주문을 건다

들릴 듯 말 듯
내가 너보다 잘 났다고

덩굴손

내밀까
말까
부끄러운데
아직 섣부른 것 같아

생각이 깊어지고
시간이 쌓이고
수없는 망설임과
터져 나오는 소리를 엮어
세상으로 나간다

조심스럽게

지렁이 글씨

이제 막 배운 글자를 매일매일 쓴다
한 글자 한 글자
또박또박 써도
삐뚤빼뚤 지렁이 모양이다
연필 끝에 살짝 침을 묻혀
있는 힘을 다해 쓴다
옆에서 불러도 아무 소리 들리지 않는지
그저 또박또박
어제 배운 글씨를
공책 한 바닥 쓰고 또 쓴다

'좀 더 젊었을 때 배울걸'
어느새 지나간 세월
그 시간 붙잡고 싶은지
짧아진 연필을 더 꼭 잡는다

수그린 고개는

점점 공책 속으로 들어가고
지렁이 글씨가 춤을 춘다

일방통행

코로나로 산책길이 일방통행
한 번 들어서면
계속 한 방향으로 걸어야 한다
지그재그 뱅뱅도는 데크 길

하늘이라도 잠시 쳐다보고 싶은데
길을 재촉하는 뒷사람에 치여
오래 머물 수 없다
마음대로 나갈 수도 없고
멈출 수도 없어
순간 어지럽다

찾아 나선 이 길이 아닌 것 같아
돌아서고 싶은데
밀려드는 시간 속에
나도 모르게 따라가기만 하다가
이제 어디로 가는지 잊어버리고

그저 앞사람 뒤통수만 따라갈 뿐

마음은 저 혼자
하늘 위로 날아가고
빈 껍데기만
정해진 방향따라
하나 둘 하나 둘
발자국 소리만 센다

해산

배가 불러온다
공기만 마셨는데
벌과 나비는 보지도 못했는데
언제 들어앉은 알인지 몰라
알리바이를 만들어야 한다
예상하지 못한 상상력을
동원해야 한다

어쩌다 비바람 몹시 불어
잠들지 못한 그 밤인가
햇살 눈부셔 하품조차 멈춘
그 아침인가

알을 품었으니
날마다 배를 쓰다듬는다
숨소리 줄여 눈 맞추고
귀를 쫑긋거린다

김치 냄새에 도리질 하고
장미꽃 향기도 싫고
울컥울컥 넘어오는 쉰내도 참는다

이제 드디어 나오려나 보다
두 손 불끈 쥐고
땀 뻘뻘 흘리며
악을 써 본다

끙끙
나왔다, 시 한 편

2부

너도 예뻐

남은 한 숟갈까지 싹싹 비우는
큰 손녀에게 한 마디 칭찬하면
둘째 손녀 눈꼬리가 금방 치켜 올라간다
입술을 삐쭉 내밀며
"언니만 예뻐?"
눈물까지 그렁그렁

"아니야, 너도 예뻐"
소곤소곤 귓속말에
다섯 살 둘째 손녀 얼굴에
볼우물이 옴폭옴폭

마음을 사르르 녹이는 말
긴 말이 아니다

이름

연년생 언니와 이름을 바꿔 불렀더니
네 살 손녀가
눈을 동그랗게 뜨고
"할머니는 맨날 실수해"
입을 삐죽거린다

네 살짜리 아가도
제 이름 잘못 불렀다고
저리도 속상해하니
이름 귀한 줄 아는가보다

내 이름이 촌스러워
몇 번이나 개명도 생각했지만
마치 포장지만 바꾼 채
어울리지 않는 옷을 입은 것 같아
꿋꿋이
예순일곱 해 전

지어주신 그 이름을
지금까지 잘 쓰고 있다

아침 신문

오늘도 새벽을 따라 온
신문을 펼치며 심호흡부터 한다
눈을 질끈 감는다
잠깐 숨을 고르고
살며시 실눈을 뜨며
1면 커다란 활자를 웅얼거려본다

가슴 철렁한 소식이 펼치는 면마다
큰 파도처럼 넘실거린다
덮었다가 다시 펴는 손길 사이로
통도사 홍매화가 활짝 피었다

초등학교 입학식에 홀로 서있는 아이
머언 나라 지진과 전쟁 소식에도
무덤덤하더니
어쩌자고 매화만 눈에 밟힐까

다 식은 커피 한 모금 삼킨다
목을 넘기지 못하고 쏟아지는 커피가
신문 위로 얼룩 그림을 그린다

봄에게

오랜만에 편지를 쓴다
딱히 받을 사람이 있는 건 아닌데
보내고 싶은 곳이 많다

목소리가 커서 싸우는 줄 알지만
누구보다 속 깊은 옥선이
세계를 내 집 드나들던 은희는
다리를 다쳐서 꼼짝 못 한다는데
한 글자씩 꾹꾹 눌러
오래오래 적어보는 소식
찬 바람 계절에 시작한 편지는
벚꽃이 흩날리고
조팝나무꽃 하얗게 피어나도
구겨진 종이만 가득하다

떠나는 봄바람에 부탁하면
내일은 보낼 수 있겠지

덤

골목시장 콩나물 파는 할머니
손이 커서
천 원어치 사도
덤이라고 한 주먹 가득
더 담아주신다

채소가게 아저씨는
찌개 끓일 호박과 감자를 사면
덤으로
청양 고추 두 개 넣어주신다

콩나물 한 줌, 청양 고추 두 개
장바구니 가득 덤이 들어와
그날 저녁 식탁 위 찌개 맛을 살린다
살 맛이 난다

잠시, 멈춤

서울역 KTX는 부산까지 2시간 30분
빈자리 없는 월요일 오전이 낯설다
기차를 놓칠까 바쁜 발걸음에도
따끈한 커피 한 잔이 반갑다
2박3일 여행 짐이 가볍다

이렇게 훌쩍 떠나도 되는지
자꾸 두리번거린다
이리저리 뒤섞인 선로가 제자리를 찾아
부산까지 잘 데려다 줄까
어지럽기만 하다

안전벨트 찾는다고 여기저기 둘러보다가
픽 웃음이 나온다
풍선처럼 터지는 소리 따라
멈추는 시간
스르르 잠이 온다

불면증

이리 뒤척 저리 뒤척
새우처럼 등을 구부렸다가
밤이 깊어 갈수록 쏟아지는 소음에
날개를 펼친다
수만 리 먼 길도 쉴 새 없이
퍼드덕거리며 날아본다

이불 덮어주며 토닥이는 손길도 뿌리치고
멈추지 않고 날아다니는
홀로 지치는 날갯짓에 긴 한숨

살포시 날개 접고 몸을 웅크려
어둠 속에서
백하나 백두울 백세엣
중얼거리는 숫자만 늘어간다

미역국

생일도 아닌데
오늘도 미역국이냐고
남편은 미간에 주름을 접는다

미역국이 어때서
주는 대로 먹을 거지
나이 들어도 반찬 투정은 여전하다고
뱉지 못한 한마디가 목에 걸린다

빈정 상해 한 술 뜬 미역 한 줄기
젓가락 사이로 미끄러져
깊은 바다로 헤엄친다

행여 놓칠까 급히 손을 뻗지만
휘청 내 몸뚱이도 따라 들어간다
아득히 먼 곳에서
남편이 희미하게 보인다

끈끈한 미역 줄기는
잡을수록 미끄럽다

생강나무꽃

3월이 되면
서둘러 노오란 꽃부터 피운다
아직 잎도 나오지 않은 가지에서

간신히 겨울 넘긴 메마른 뿌리
올라오는 새봄으로 목만 축이고
꽃을 피운다

예쁜 꽃도 아닌데
향기도 멀리 가지 못해서
내 친구 벌 나비가 혹여 못 알아볼까
마음이 급하다

남춘천 김유정 마을에서
노란 동백꽃이라 부르지만
이름이야 어찌 되었건

봄이 되면
봄이 되면
누구보다 빨리
내 친구를 만나고 싶다

마 원피스

여름 내내 단 벌 옷으로
그 더위를 함께 지낸 너는

걸치기만 하면
작은 동산만 한 배도 가리고
여기저기 붙은 미운 살도 안 보이고
발목까지 뚝 떨어지는 길이로
제법 늘씬하게 만든다

목줄기부터 내려온 시원함이
온몸을 넉넉하게 감싸니
네가 제일이구나

꾸미지 않아도
티 내지 않아도
그저 하늘 소리 땅 내음
모두 담아서 내 곁으로 날아와

한 계절 함께 하고
편한 잠을 청하네

나도 너처럼
그저
넉넉함으로 남아있길

무제 I

아무것도
한 줄도 쓰지 못한 노트
펼쳤다 다시 덮는다
모서리가
내 이마 주름처럼 쭈글쭈글하다

혹시나
다시 펼쳐 본다
손가락 사이 빙빙 돌던
볼펜이 안쓰러워
위에서 아래까지
왼쪽에서 오른쪽으로
줄만 긋는다

구멍이 뚫려
까맣게 타들어간다

무제 II

다 왔나 했더니
해가 저문다
길이 멀구나

돌아갈 집이 멀어
오늘도 낯선 땅에서 밤을 맞는다
꺼이꺼이 울음소리 들리는
신발을 엎어놓고
별을 찾는다

길잡이 별이 보이지 않아
잠들기 어려운데
슬며시 떠오른
초승달이 반갑다

손녀 말 배우기

20개월 된 셋째 손녀
하루하루 지날 때마다
한 마디 두 마디
말도 늘어난다

세상에서 제일 귀한 말이라
온 가족 모두 귀를
쫑긋 세운다
서로들 자기가 들은 말로
한 마디씩 하면서
아가와 눈을 맞춘다

아가가 방긋방긋 웃으면
서로 내 말이 맞았다고
손뼉을 치며
아가보다 더 좋아한다

한탄강

물 위에도 길이 있다

물결이 흔들리면

다리도 울면서 춤을 춘다

약속

가면서도 망설인다
갈까 말까
모두 푸짐한 한 상을
준비했을 텐데
탈탈 털어도 가져갈 것이 없다
감기 걸렸다고 할까
갑자기 급한 일이 생겼다고 할까
핑계는 수십가지 떠오르지만
부끄러움이 더해져 너덜거린다

느려지는 발걸음
쫓아오는 바람이 등을 떼민다
어서 가보라고 재촉한다
기다리는 사람이 있음을
아직 걸을 수 있음을
그래서
지금은 끝이 아님을
바람은 연신 귓가에 속삭인다

꼬리표

다시 습작생으로 돌아가
무엇을 쓰든지
거리낌 없는 자유를 만끽한다

알량한 이름 하나 가리면
고급 백화점 사과인지
골목시장 좌판 물건인지
통 알 수가 없다

무겁고 비싼 꼬리표
포장을 버리고 외친다
내가 살아있다고

땅에 떨어진 꼬리표
날아 오른다
햇빛에 물들어
곱고 곱다

홈트 강사

하루하루 지치는
근육을 지켜보려
안간힘을 쓰다가 찾아갔다

상냥하고 예의바른 홈트 강사
단단한 등줄기가 눈부시다

스쿼트 몇 번 시켜보고
등을 떠민다
거절이 낯설어 자꾸 물어본다
부상이 염려된다고
에둘러 말하지만
'나이가 너무 많아요'
입속말이 들린다

울컥 올라오는 어지러움
나이는 그저 숫자일 뿐이라 생각했는데

그게 아니라고
한 수 알려준
젊은 홈트 강사는 눈부시게 웃는다

3부

부러운 시바타 도요

시바타 도요 할머니는
아흔 둘에
배운 적도 없는 시를
마음 울림 가득하게
잘 쓰신다

여덟살부터
글쓰기를 배운 나는
예순이 넘은 나이에도
한 줄 글이 부끄럽다

시 쓰는 할머니

멀쩡하던 무릎이 아프다고
소화가 통 어렵다며
병원 다녀온 끝없는 하소연
딸이 보내준 일본 여행 이야기
사위한테 받은 명품백 자랑
사십년 넘은 흉허물 없는
친구들의 넘치는 수다에
맞장구 치다가
조용히 노트북을 켠다

귀에 들렸던 이야기들이
손 끝에서 피어난다
마음 속에 머물렀던
갖가지 소리들이 이제 들린다
자판 위에서 춤추는 손가락
그 장단따라 한없이 시간이 흐른다

흐르는 시간들이
메마른 가슴을 적시며
가만가만 드러난다
후벼파도 보이지 않던
소리가 계속 울려나와
빨라지는 심박동
볼까지 발그레해진다

이 나이에 웬 호강인가 싶다

어반스케치

작은 스케치북 가득
빼곡하게 줄을 긋는다

가로줄
세로줄
대각선
구불구불 산등성이도 그린다
오랫동안 만지지 않던 연필이 낯설다
줄 하나 그리는 것도 쉽지 않아
시작한 줄보다 올라가기도 하고
내려가 있기도 하다
마음을 다잡고 다시 그려도
몇 줄 못 가서 또 기울어

잠자리 한 마리 달려있는 새까만 연필에게
잘 부탁해
조심스럽게 말을 건네보는데

줄은 계속 삐뚤거린다

내일이면 친해지겠지
잠자리 날개가 팔랑거린다

오월

하얀 밥 올린 듯 소복소복 이팝나무
밥알 하나 떨어져도
흔들리는 바람따라 웃는다
뒷동산 아까시나무꽃
향기가 주렁주렁 매달려서
걸음마다 뽀얗게 묻어난다
담벼락 목수국
동글동글 우유 빛깔 얼굴로
해맑게 하늘을 비춘다

날리는 꽃잎마다
터지는 웃음을
차곡차곡 채우는
오월

습작시대

다리 부러진 평상 한 귀퉁이
고이고 있는 몽돌에서
깎아지른 절벽 꼭대기
돌멩이를 보는 시인은
나와 다른 사람인가

눈으로 듣고
귀로 보는 시인을 닮아보려
필사하는 노트는 두툼해져도
눈으로만 보고
귀로만 듣는 평범한 일상

하고 싶은 말
마음에 품은 소리 가득해서
마중물 만나면 쏟아지길
오뉴월 가뭄에
타는 가슴으로 서성거린다

그때는

중학교 2학년 백일장
오월이란 시로 장원을 했다
두 연으로 된 짧은 시에
천방지축 갈래머리 중학생이
무엇을 담아 썼는지
먼 기억 속으로 사라져 버리고

산꼭대기에 새로 지은 교정이라
덩그러니 건물 두 동만 있어
삭막하고 건조한 풍경
분명 약간 비릿한 아카시아꽃 내음새에
코를 킁킁거렸고
연두에서 초록으로 넘어가는
나뭇잎이 눈부셔
가늘게 실눈 뜨고 바라본 그림
그것은 어디서 봤을까

떠오르지 않는 기억에 매달려
올해도 오월을 그냥 보냈다
미안해

수첩

며칠 전인지
몇 년 전인지
가물가물해지는 기억을 믿을 수 없어
수첩에 깨알같이 적어본다

그리 꼼꼼한 기억을
어느날
몽땅 잃어버렸다

수첩이 통째로 사라졌다

김치 냉장고

장아찌
별미 떡
도토리묵 가루
밤
대추
호두
멸치
식빵
장조림
연어튀김
도라지

욕심을 가득
채워 놓고 산다

친정엄마

바쁘다고 오지 않는
막내딸이 야속해
"내가 너를 괜히 공부 많이 시켰다"
전화너머 목소리가 젖어 있다
"시간 되면 갈게"
늘 내 곁에 계실 줄 알고
성급히 끊는 무심한 딸
오이소박이 열무김치 가득 담아
달려오시더니
여든 한 살 새벽에
쓰러지셨다

점차 말을 잊어버리고
늘 기도하던
가족까지
하나도 알아보지 못하고
콧줄에 소변줄에 링거줄

주렁주렁 매달고
눈만 껌벅껌벅 하신다
뻥 뚫은 목구멍으로 연신 가래가 뽑힌다

앉은 자리 먼지 나올까
걸레로 문질러 손 마를 새 없더니
저리 누워 물기 없이 메마른 손

그렇게 일년 누워 계시더니
막내딸 미국 연수 간 사이
별이 되셨다

갱년기

오메가3
비타민 C
눈에 좋은 루테인
유산균
코엔자임 Q
종합비타민이 식탁 위 주인이다

나이 들어갈수록
천년 만년 살 것처럼
티비 광고 혹하여
영양제 건강보조식품에
기꺼이 지갑을 연다

삼시 세끼 밥 잘 먹고
잘 자고 잘 싸면 된다는데
버리고 비울 줄 몰라
자꾸만 채운다

누구나 나이는 먹는 것이니
먹은 만큼 비워야
공수래 공수거
빈 손으로 편안히 갈텐데

한 움큼 영양제로 배를 채운다

새해에는

매일 펼치는 조간신문
대문짝만한 기사
'아기들이 많이 태어났다'
도시도 산골 마을도
아이들 시끌벅적 자라나는 소리가
우렁차면 좋겠다

하얀 눈이 내리면
입을 크게 벌려
깨끗한 그 눈을 받아먹고
함박웃음으로
활짝 피어나면 좋겠다

할아버지 할머니 앞에
손주들 재롱부리며
오래오래 건강한 복으로
큰 사랑 나누면 좋겠다

새해에는
오가는 말에
따스함 한 숟갈 얹어
힘이 되고 든든해져서
밥 안 먹어도 배부르면 좋겠다

용답동 매화

해마다 찾아오는 네가
올해 더욱 반갑다
구례까지 찾아가 만난 적도 있는데
가까운 곳에 있다니
한걸음에 달려간다

겨우내 웅크린 몸을 펴고
긴 기지개를 켜며
톡톡
꼭 다문 입술을 열어
나를 반기는구나
기다렸구나
아직 바람이 차가운데

고맙다

게으름

바쁘다 바뻐
입에 달고 살면서도
소파와 가장 친한 엉덩이

머릿속 세상
하루에도 열두 번 만리장성을 쌓는데
오늘도 빈손

태백산

해마다 3월이 오기 전
꼭 한번은 태백산에 간다
겨울동안 녹았다 얼었다
뜨거운 마음을 차곡차곡 쌓은 상고대
천년 나무 주목에
꽃이 핀다, 겨울마다

발목이 푸욱 들어가는 눈밭
지천으로 어지러운 발걸음들이
쑥쑥 다져놓아
다지고 다져
미끄러운 빙판이 되어도
하늘 향한 나뭇가지 눈꽃 송이는
몽글몽글 더 힘차게 피어난다

남쪽에서 산수유, 매화
고운 향기가 날아오면

하얀 눈꽃은
먼 길로 사라진다

다시 볼 수 있을까
눈발이 휘날리는 산 정상에 서서
한참을 머뭇거린다
나뭇가지 끝에서 주르륵 흐르는 눈물
손으로 쓰윽 닦아주어도
그치질 않아

올 겨울 만나자고
다시 만나자고
하얗게 입김으로 약속한다

일흔 살 새해

섣달 그믐달 하루가 지나니
한 살 덜컥 먹었다
앞자리 숫자까지 바뀐다

똑같이 떡국을 먹고
세배를 받고
덕담을 나누는 풍경이
낯설다
아이들은 키가 커졌고
넙죽 엎드린 자세가
제법 멋들어졌다
예년보다 두둑한 세뱃돈에
입들이 헤벌쭉하고
어깨가 들썩인다

나이 먹는 만큼
더 나눠주고

더 헤아려주고
더 다독이고
더 많이 주고 싶어진다

지나가는 시간들이
너무 빨라서
마음까지 바쁘다
말로 다하지 못한
깊은 사연들을
새해 봉투에 꼭꼭 채워 보낸다

502호 할머니

얼굴 반을 덮은 두툼한 보라색 모자 속
고개는 자꾸 왼쪽으로 기운다
덩달아 왼쪽 발도 절뚝거려
걸음이 더 느려진다
층 번호를 누르는 둘째 손가락이
위 아래로 춤을 춘다
간신히 붙잡고 있는 장바구니 속
대파가 혀를 내밀고 있다

아파트 처음 이사왔을 때
영화배우처럼 키가 큰 할아버지와
두 손을 꼭 잡고 계시던 할머니
백년해로 하시라고 인사를 건네면
눈부터 웃으며 고개를 끄덕이셨다
몇 번의 여름과 겨울 속에도
항상 꼭 맞잡은 두 손

모자가 흘러내려도
갸우뚱한 고갯짓으로
무거운 장바구니 들고 계신 할머니

5층을 눌러 드리고
인사를 드려도
할머니는 허공을 바라보신다

소심한 일상

셋째 손녀 태어나
친정으로 몸조리 간 며느리
여섯 살, 다섯 살 연년생 손녀 둘
내 몫이다

며느리가 있을 때는
옆에서 숟가락만 챙겨주면 되었는데
이제,
먹이고
씻기고
놀아주고
재우고
할 일이 태산이다

아들 며느리 들어와 살면
훌훌 떠나서
한라산도 가고 해파랑길도 걷고

전국 일주 한달살이
하고 싶은 일이 가득했다

늦은 밤
벽에 걸린 지도에서
제주도를 가리키며
'손녀와 같이 가야겠네'
아직 꿈 하나 남아있다

4부

허브 카페

그냥
무엇이든 써보라며
목소리 낭랑한 시인은
허브차를 건넨다

삐죽삐죽 올라오는 흰 머리카락
이마 위로 연신 쓸어올리며
향 좋은 따스한 차를
홀짝홀짝 마신다

목을 지나는 간지러움에
큰 기침을 하고
멀리 가버린 볼펜을
주섬주섬 챙긴다

글 한 줄 없는 하얀 노트 위로
모락모락 향기가 가득하다
詩作이 始作되는 시간

거울

긴 하루를 돌아
깨끗이 씻은 말간 얼굴로
눈 하나 깜박 않고 쳐다본다
거울 속 여인네도 눈을 치켜뜬다
그 위세에 얼른 눈을 피한다

입꼬리 살짝 올리고
눈만 크게 떠본다
그 모습에 그녀도 입꼬리를 살짝 올린다

팝콘 터지듯 웃음소리가 거울에 매달린다
오늘 하루 참았던 눈물도
방울방울 맺힌다
손바닥을 활짝 펴
윈도우 브러셔를 만든다
최강 속도 브러셔가 쭈욱쭈욱
물줄기를 시원스레 닦아내더니

순간
힘 빠진 브러셔는 가만히 파들거린다

두 손으로 어깨를 감싸고
도닥도닥
가만가만
두드린다
거울 속 여인네가 해맑게 보인다

바늘귀

속 솜과 겉이 따로 놀아 돌돌 뭉친 이불
반짓고리 찾아
바늘귀에 실을 꽂느라
후후 불면
어느새 울 엄마 웃고 계시네

명주이불 곱기도 하다
쓰다듬는 손길따라
나도 슬몃 손을 잡는다
눈 어두워 바늘귀 어려우니
니가 하거라
나를 옆에 앉히고
하루해 저물도록 바느질하는
엄마 등 뒤로 햇살이 길다

맞잡은 손길 놓지 못해 머뭇거리는데
바늘귀 꿰줄까

딸이 냉큼 바늘을 잡는다
돌아보는 석양에 울 엄마가
명주처럼 곱게 웃고 계신다

시작 I

그냥 지나갈까
한 줄이라도 올려볼까
큰 파도처럼 마음이 출렁거린다

올리면 부끄럽고
안올리면 내내 불편하다
그 불편함이 더 견디기 어려워
노트북을 켜놓고
무심히 컴벅이는 커서만
잔뜩 노려보고 있다

쏟아내면 시원할 듯 한데
실타래 엉기듯 엉겨있어
그 끄트머리 한 마디가 찾기 어렵다
필사시를 다시 읽어보고
시작 노트를 뒤적여도
그 끝이 보이지 않아

벌떡 일어나

차가운 커피에 또 얼음을 넣는다

시작 II

뭐라도 한 줄 쓰고 싶은데
지웠다 썼다 수십 번
커서는 제자리에서 꼼짝도 않는다
벌떡 일어나 물 한 잔 마시고
그대로 장승처럼 서서
멍하니 창밖만 뚫어지게 바라본다
박제된 풍경
아무 것도 움직이지 않는다
생각도 멈춰있다

다시 돌아와 앉아본다
여전히 아무 것도 쓸 수 없다
점점 무거워지는 손가락
손을 폈다 쥐었다
발가락도 꼼지락꼼지락
열이 있는지
괜스레 이마에 손을 짚어 본다

헛웃음이 나온다

오늘도 시 한 줄에 하루가 간다

시작 Ⅲ

시를 쓰다니
두근두근
행여 누가 들을까
얼른 접어 토닥입니다

담아둔 고운 씨앗들
이제야 꺼내봅니다
바람이 무서워
천둥 번개 어지러워
차마
만나지 못한 그리움을
어루만져 봅니다

시를 쓰다니
시를 쓰다니
훌쩍이는 마음을
다독이며

펼쳐진 흰 종이 위로

슬며시 한 글자 써 봅니다

김장

둥글둥글 새하얀 무
길쭉길쭉 채 썰어

가을볕에 붉은 옷
곱게 입은 고춧가루

속 노오란 황금 배추
이리저리 뒤척이며
잘 어우러진 계절 양식

돌돌 말아 한 입 베어물면
그 향기에
양념 묻은 벌건 장갑 내밀며
온 가족이 입부터 벌려
제비 입에 먹이 주듯 가득 채운 배추쌈 한 잎
입 안에 쏙쏙

맛있네
올 김장
잘 지었다고 함박 웃음

다이어트

보건소 인바디로
측정한 몸무게에
화들짝 놀라
그날부터 체지방 5kg 줄이기 시작

날 더워 걷기 어렵고
누구나 다 빠진다는 간헐적 단식도
식구들 저녁 차리다가
맛보는 한 숟가락에 와르르 무너진다

한 달 두 달 지나도
체중계 숫자는 늘 제자리
너를 실컷 키워놓고 보내려 하니
단단히 삐졌구나

찬 바람 불 때까지만 잘살아보자
다독다독 달래본다

古稀

이박삼일 예정했던 여행
하룻밤만 자고 왔다
전에는 삼일 여행도 아쉬워
좀 더 둘러보고 싶어
늦은 밤까지 서성거렸다
이제는 예정한 일정 다 못채우고
돌아선다

새 봄은 올해도 곱게 다가왔는데
그 아름다움마저 감당하기 어렵고
한 걸음 한 걸음
걷는 것도 고생이라

마음이
몸따라 늙는지
몸이 마음따라 늙어가는지
봄구경 꽃나들이도
힘겹다

버팀목
– 복효근 '버팀목에 대하여'를 읽고

흔하디흔한 버팀목을
그 시인은 어찌 그리
따스하게 바라봤을까

죽은 나무가 산 나무를 살리는
그 아름다운 조화를
어찌 알았을까
싹이 트고 잔뿌리 내려
든든히 세워가라고 죽어서도
제 한 몸 아끼지 않는 버팀목
이제 삭아져 보이지 않아도
함께 살아가고 있음을

부모님도 이웃도
내겐 커다란 버팀목
내가 살아가는 이유도
누군가의 버팀목이 되기 위한

걸음 걸음임을

시인이 노래하기 전엔
왜 몰랐을까

화해

뽀얀 먼지 쌓인 헌 공책
누렇게 빛 바래
허공 속으로 휘휘 날아간 글자들
긴 세월 속에 숨죽여 묻혀있다

버려두고 못 본 척하니
목마른 개구리 마냥
가끔 헐떡거리며 두리번거리다가
다시금 세월 속에 묻히고 만다
무슨 질긴 인연이라고
보내지 못하는
이 미련스러움

다시 꺼내 먼지 털고
햇빛도 쪼이며
이제 사이좋게 지내자
손 내밀면

게으른 기지개 켜며
하품 길게 뿜는다

헌 집 줄게 새 집 다오
구전동요 속 어린아이처럼
살살 달래본다

오십견

작년엔 왼쪽 어깨가 아프더니
올해는 오른쪽 어깨가 쑤신다
팔을 올리려면 온 신경이 날을 세워
견딜 수 없다
통증의학과를 가야할지
재활의학과를 가야할지
한참 망설이다가
집 가까운 병원에 갔다
엑스레이 찍고 CT 촬영도 했다
주사맞고 도수치료까지 했는데
집에 오면 여전히 올리기 힘든 팔
먼저 겪은 남편이
시간 지나면 낫는다고 위로한다

오십에 온다는 오십견이
육십 넘어 왔으니
그동안 잘 견딘 어깨가 고맙다

어깨뿐이랴
돋보기없이 자잘한 글자도 잘 보는 눈
하루 만보를 걸어도 끄덕없는 무릎
고맙고 고맙다

일년 지나니 멀쩡해진 왼쪽 어깨처럼
내년 봄엔 오른쪽 어깨도
괜찮아지겠지
위로 올라가지 않는 팔을 붙잡고
다독거린다

내 친구

삼십년 전에는
중풍으로 쓰러진 시아버지를
여섯해동안 기저귀 갈아드리고
한 술 두 술 미음도 먹여드렸다
시아버지 돌아가시고 효부상 받았다

이십년 전에는
남편이 바람피워
날마다 울고 발버둥 치면서도
집 나간 사람을 기다렸다
이제는 각 방에서 손님처럼 살아도
함께 있어서 좋단다

십년 전에는
돌연 퇴직하고 베이비시터로 취직했다
연금은 아들 내외 전셋값 보태고
한 푼 두 푼 수고비는 손주 먹거리값

내 새끼 등 따숩고 배불러 좋단다

그 아들이 이혼한단다
하늘이 무너졌다
몇 달 동안 사연을 묻어두더니
봇물 터지듯 가슴을 찢어낸다

아무 말도 할 수 없어
손잡고 같이 울었다

달력

떼어낸 자리마다
어른거리는 그대

한바탕 꽃놀이도 흘러가고
무성한 나뭇잎 그늘 아래
흐르던 땀방울도 사라지고
고운 단풍도 이제 보이지 않아
더욱 가벼워진 그대

들여다볼수록 짧아지는
소리없는 수수께끼에
마음을 다 빼앗겨
허둥지둥 서두르다
그댈 또 놓칠까
숨소리조차 잦아든다

11월이다

어떤 일상

소독약은 손에서 마를 날이 없다
하루에 서너번 문을 열어 환기하고
집안에서도 마스크는 벗을 수 없어

남편은 격리된 독방에서 중얼중얼
며칠째 혼자 먹는 밥이 쓸쓸하다

어린 손녀는 배 불룩한 엄마 손만 꼭 잡아
두 개씩 겹쳐 쓴 마스크를
자면서도 벗지 못하는 며느리

출근하는 아들은
일주일에 세 번씩 진단 키트로 코를 쑤시고
코로나 피해서
아침 일찍 나가 밤늦게 들어온다

가족도 무섭다
마음 편한 곳이 없다

양배추 물김치

꼬불꼬불 통통한 속살
신안바다 소금 한움큼에
비실거린다

밀가루 풀을 쑤고
사과 배도 갈아넣어
붉은 고추 몇 조각으로
물들인다

함께 어우러진 그 맛
온 가족 입이 즐겁다

■ □ 해설

일상에서 발견한 푸른 성찰

김용길 (시인/문학평론가)

'시 쓰는 할머니' 시인의 놀라운 시적 성취

 30년 전만 해도 시인으로 등단하는 나이가 무척이나 젊었다. 30대에 등단을 해도 늦깎이라는 소리를 들었는데, 요즘은 60대가 넘어서도 시단의 문을 두드리거나 아예 시집을 출간하는 사례가 많아졌다. 70~80대에도 노익장을 과시하는 이들이 부지기수다. 이런 현상은 100세 시대를 맞이해서 환영할 만한 일이다.
 정의순 시인은 일상의 사소한 순간들을 포착해서 바라보는 예리한 눈과, 시인의 내밀한 경험을 객

관화시켜 보편적인 공감대를 잘 이끌어 낸다. 또한 인간의 깊이를 탐색하고 이를 통해 독자들에게 공감과 위안을 주는 능력이, 누구보다도 훨씬 탁월한 시인이다.

시집 전반에 걸쳐 시인은 삶의 본질을 탐구한다. 특히 가족 간의 관계에 초점을 맞추고, 세대 간의 소통, 애정, 그리고 이해를 주제로 다룬다.

이제부터 정 시인의 시 세계를 구체적으로 살펴보기 위해, 각 부문별로 주제를 정해 차근차근 분석해 보기로 하겠다.

1부: 부부의 일상과 삶의 조각들
2부: 이름과 삶의 흔적들
3부: 시를 쓰는 할머니
4부: 거울 속 나와의 대화

1부: 부부의 일상과 삶의 조각들

　　한 입 베어 문 감자를
　　맛있게 익었다고
　　얼른 건네준다

냉큼 잘 받아

먹는다

_「부부」 전문

 이 시는 부부 사랑의 본질을 따뜻하게 사유한 작품이다. 짧고 간결한 표현 속에 부부간의 신뢰와 서로를 위한 배려, 그리고 일상에서 발견할 수 있는 소박한 행복이 담겨 있다.

 첫 연에서 감자가 '맛있게 익었다고/얼른 건네주는' 행위는 단순한 일상적 행동처럼 보이지만, 그 속에는 배려와 사랑이 담겨 있다. 여기서 감자는 따뜻함, 안락함, 그리고 둘 사이의 정서적 유대감을 표현하는 매개체로 작용한다. 그저 음식을 주고받는 행위일 뿐이지만, 그것이 주는 의미는 깊다. 상대방을 생각하며 건네는 작은 제스처 속에 사랑과 행복이 자연스럽게 표현된다.

 두 번째 연에서 '냉큼 잘 받아/먹는다'라는 표현은 그 배려를 기꺼이 받아들이는 상대의 모습으로, 두 사람 간의 신뢰와 소통을 강조한다. 이 과정은 말보다 행동으로 사랑을 전하는 수 십년 간

동거동락한 부부의 특성을 잘 보여준다.

 이 시의 아름다움은 화려한 수사나 거대한 사건을 다루지 않는 데 있다. 오히려 일상 속 작은 행동을 통해 부부의 사랑과 소통을 묘사하며, 삶의 작은 순간이 얼마나 소중한지 일깨워준다.

> 그 남자는
> 살짝 머리를 다쳤는데
> 두 달째 병상에서 못 일어나고
> 알 수 없는 말을 중얼거리며
> 눈만 껌벅거린다
>
> 가습기의 수증기가 안개처럼
> 창을 덮는다
> 바깥에 나가지 못하는 내가
> 섬 하나로 떠오른다
>
> _「액자 속의 키스」 부분

안타깝게도 한 남자가 '돌부리에 걸려 넘어져서, '살짝 머리를 다쳤는데/두 달째 병상에서 못 일어나고' 있다. 시인은 병상에 누워 있는 그 남자를 바라보며 속절없는 고립감과 고독감을 느낀다. 그리고 삶과 죽음이 한순간일 수 있다는 시적 성찰을 한다. 시인은 그 남자의 상황을 보면서 자신의 삶도 돌아보고 있다. 이 시에서 '사는 것도 죽는 것도 한순간인데'라는 구절은 삶과 죽음의 경계에서 느끼는 고독함이 잘 드러나 있다. '삐죽삐죽한 울음이/섬을 찌른다'라는 구절은 시인의 사유가 단순히 내면에만 머무는 것이 아니라, 외부로 표출되는 상처임을 보여준다. 이러한 감정의 표현은 어차피 인생은 혼자이며 '섬'이라는 은유로 강화되어, 인생의 고립과 그 안에서 오는 내밀한 감정을 절절히 전달하고 있다.

> 보고 또 보고
> 고르고 고른 콜라비
> 베란다 검은 봉지 속에 넣어두고
> 깜박 잊었다
> 며칠 후
> 우연히 들여다본 그곳에
> 저장된 울음도 다 말랐는지
> 기운이 빠져있는 콜라비

_「콜라비」부분

  이 시는 '보고 또 보고, 고르고 고른 콜라비'이건만 방치된 채 말라버린 콜라비를 통해 인생에서 중요한 것들을 놓치고 후회하는 인간의 모습을 잘 그려내고 있다. 평범한 일상에서 발견한 물건을 통해 인간 감정을 투영하고, 생명의 회복과 위로를 따뜻하게 그려낸 작품이다. 콜라비는 단순한 채소일 뿐만 아니라, 외로움, 기다림, 그리고 다시 일어나는 생명의 상징으로 확장된다. 시 속에서 콜라비는 자신을 잊고 방치한 인간의 무관심 속에서 마치 아이처럼 외로움을 느끼고, 다시금 물을 공급받고 관심을 받으면서 본래의 생기를 되찾는 존재로 그려진다. 이 시의 가장 큰 미덕은 사소한 일상에서 깊은 철학적 성찰을 끌어내고, 그것을 따뜻하고 다정한 시선으로 풀어내는 점에 있다.

2부: 이름과 삶의 흔적들

  오늘도 새벽을 따라 온
  신문을 펼치며 심호흡부터 한다

눈을 질끈 감는다
잠깐 숨을 고르고
살며시 실눈을 뜨며
1면 커다란 활자를 웅얼거려본다

가슴 철렁한 소식이 펼치는 면마다
큰 파도처럼 넘실거린다
덮었다가 다시 펴는 손길 사이로
통도사 홍매화가 활짝 피었다

_「아침 신문」 부분

'아침 신문'은 일상의 작은 행위인 신문을 읽는 경험을 통해 개인의 감정과 세상과의 상호작용을 섬세하게 묘사한 시다. 이 시는 세상의 무거운 소식과 개인의 감정이 어떻게 충돌하고, 그 속에서 의미 있는 사소한 순간들이 어떻게 떠오르는지를 따뜻한 시선으로 담아낸다.

시의 첫 부분에서 '신문을 펼치며 심호흡부터 한다'는 표현은 신문을 읽는 행위가 단순한 정보 수집 이상의 감정적인 준비를 필요로 함을 보여준다. 이는 현대 사회에서 일어나고 있는 무겁고 충

격적인 소식들이 개인에게 주는 심리적 압박감을 암시한다. '눈을 질끈 감는다'와 '살며시 실눈을 뜨며'라는 표현은 이러한 심리적 긴장을 극복하기 위한 일종의 자기 보호 기제를 나타낸다.

 신문에 실린 '가슴 철렁한 소식'들이 파도처럼 밀려오지만, 시인은 이러한 무거운 소식들에 감정적으로 크게 동요하지 않는다. '초등학교 입학식에 홀로 서있는 아이'나 '머언 나라 지진과 전쟁 소식'과 같은 사회적 사건과 개인의 고통이 시선을 끌지만, 시인은 무덤덤하게 받아들인다. 그러나 시인은 '통도사 홍매화'라는 자연의 아름다움에 감정적으로 반응한다. 세상의 중대한 사건들보다도 매화가 피어난 모습이 더욱 눈에 밟히는 것은 시인의 내면에 존재하는 감정적 피로와 회복에 대한 욕망의 발로다. 홍매화는 새 생명과 희망, 그리고 평온함을 상징하며, 그것이 시인에게 안도감을 주는 상징물이다. 시인은 세상의 무거운 사건들 속에서도 삶의 작은 아름다움에 주목하는 따뜻한 감정의 소유자다.

　　이제 겨우 세 돌 지난 둘째 손녀
　　어찌나 말을 잘하는지

마치 내 친구와 이야기하듯
주거니 받거니 대화가 된다

일곱 명이 함께 사는 대가족이라
두 돌이 되기 전에
말문이 트여
온 집안이 조용할 날이 없다

한 살 위 언니가 있어
어쩌다 언니 동생 이름을
바꿔 부르면
얼마나 서운해하는지
"할머니는 맨날 실수해"
금세 입을 삐죽거린다
좋아하는 딸기 간식 챙겨주면
"할머니가 젤 이뻐"
그 조막만한 손으로 엄지척한다

네 살 손녀가 일흔 살 할머니를
들었다 놓았다
힘도 세다

_「네 살」 전문

 이 시는 할머니와 손녀 사이의 따뜻한 유대감을 담은 작품이다. 소박한 가족의 이야기를 중심으로, 어린 손녀가 할머니에게 주는 기쁨과 유머를 포착하고 있으며, 가정의 일상 속 작은 순간들을 흐뭇한 시선으로 그려내면서, 뭉클한 감동을 끌어내고 있다.
 시의 첫 번째 부분에서 손녀가 할머니와 친구처럼 자연스럽게 대화하는 것이 인상적이다. '마치 내 친구와 이야기하듯'이라는 구절은 단순히 나이 차이가 큰 관계를 넘어, 서로 이해하고 교감할 수 있는 특별한 유대감을 보여준다. 손녀와 할머니가 나누는 대화는 격의 없고 자유로우며, 어린 손녀가 성숙한 언어 능력으로 할머니와 깊이 소통하고 있음을 보여주는 데 이는 세대 차이를 뛰어넘는 소통의 아름다움을 드러낸다.
 시에서 특히 주목할 만한 부분은 손녀의 감정 표현이다. '할머니는 맨날 실수해'와 같은 아이의 말투는 순수하면서도 솔직한 마음을 드러내며, 아이의 감정이 아주 진솔하게 전달되고 있다. 이러한 표현은 시에 활력을 더해주고 있는데, 손녀가 '입을 삐죽거린다'거나, '엄지척한다'와 같은 동작 묘사는 사랑스러운 어린아이의 무구한 행동과, 그 속에 담긴 감정의 미세한 변화를 자연스럽게 그려낸다.

할머니와 손녀 사이의 관계는 서로를 이해하고 사랑하는 소소한 일상 속에서 빛난다. 특히 손녀가 할머니에게 '할머니가 젤 이뻐'라고 말하는 장면은 아이의 천진난만한 사랑을 드러내며, 독자의 마음을 따뜻하게 만든다.

또한 '네 살 손녀가 일흔 살 할머니를 들었다 놓았다'라는 것은 손녀의 말과 행동이 할머니에게 얼마나 큰 감동과 웃음을 주는지를 잘 보여주고 있다. 이 시에서 돋보이는 것은 아이와 어른 사이의 상호작용 속에 담긴 자연스러운 감정의 흐름이다. 손녀가 서운함을 느끼다가도 할머니의 작은 행동에 기쁨을 느끼는 변화가 매우 자연스럽게 묘사되어 있다. 한마디로 이 시는 가족 간의 사랑이 어떻게 표현되는지 잘 보여주는 수작이다.

3부: 시를 쓰는 할머니

> 멀쩡하던 무릎이 아프다고
>
> 소화가 통 어렵다며
>
> 병원 다녀온 끝없는 하소연
>
> 딸이 보내준 일본 여행 이야기
>
> 사위한테 받은 명품백 자랑
>
> 사십 년 넘은 흉허물없는
>
> 친구들의 넘치는 수다에
>
> 맞장구치다가
>
> 조용히 노트북을 켠다

_「시 쓰는 할머니」 부분

'시 쓰는 할머니'는 노년의 삶 속에서 시를 쓰는 즐거움과 발견을 담아낸 작품이다. 이 시는 일상의 소소한 이야기들 속에서 시를 창작하는 과정을 다루고 있으며, 삶의 나이 듦 속에서도 여전히 활기차고 창조적인 내면세계를 표현하고 있다.

시의 첫 번째 부분에서는 일상적인 이야기들이 주로 등장한다. '무릎이 아프다', '소화가 어렵다', '병원 다녀온 이야기'와 같은 노년의 흔한 대화들이 펼쳐지고, 딸의 일본 여행 이야기나 사위가 준 명품백 자랑 등이 이어지고, 할머니는 그런 수다에 맞장구를 치다가 조용히 노트북을 켜고 시 쓰는 모드로 넘어간다. 이 대조적인 변화는 단순한 일상의 흐름에서 창작의 세계로의 전환을 나타내며, 평범한 일상 속에서도 창의적인 활동을 통해 차원 높은 즐거움을 찾는 모습을 보여준다.

두 번째 부분에서는 시 쓰기 과정이 시각적으로 묘사된다. 할머니는 자판 위에서 손가락이 춤추는 것을 느끼며, 일상의 갖가지 소리들이 손끝에서 피어난다고 표현한다. 이는 창작의 기쁨과 감각적 발견을 상징하며, 시를 쓰는 과정이 단순한 기록을 넘어서는 예술적인 표현임을 나타낸다. 일상에서 흘러나온 소리들이 이제는 시의 언어로 변형되어 할머니의 손끝에서 피어나고, 이는 창작을 통한 내면의 세계가 발현되는 모습을 그린 것이다.

할머니는 시를 쓰면서 심장박동이 빨라지고 볼까지 발그레해진다. 이는 단순히 시 쓰기가 즐거운 경험일 뿐만 아니라, 창작의 성취감이 신체적, 심리적 변화를 가져오는 모습을 보여준다. 시를 통해 할머니는 메마른 가슴을 적시는 듯한 새로운 활력을 얻으며, 나이와 상관없이 창작이 주는 감동과 열정의 에너지를 얻는다.

 이 시는 노년의 일상성과 창작이 어떻게 자연스럽게 연결될 수 있는지 보여주는 점에서 독특하다. 시 쓰기를 통해 자신의 내면을 탐구하고, 그 과정에서 정신적 에너지를 재충전하는 할머니의 모습은 시를 읽는 독자에게 깊은 감동을 준다.

>시바타 도요 할머니는
>아흔 둘에
>배운 적도 없는 시를
>마음 울림 가득하게
>잘 쓰신다
>
>여덟살부터
>글쓰기를 배운 나는
>예순이 넘은 나이에도
>한 줄 글이 부끄럽다
>
>_「부러운 시바타 도요」 전문

'부러운 시바타 도요'는 도요 시인의 삶과 시를 바라보며, 시인의 느낌과 자기 성찰을 다룬 짧은 시다. 이 시는 겸손과 함께, 오랜 시간 글을 써 온 시인의 내면 깊은 곳에서 일어나는 감정의 동요를 다루고 있으며, 독자로 하여금 시인의 진솔한 감정에 공감하도록 만든다.

시에서 가장 먼저 눈에 띄는 점은 도요 시인과 정의순 시인의 대비다. 도요 시인은 아흔 둘의 나이에 배운 적도 없는 시를 썼지만, 정 시인은 여덟 살부터 글쓰기를 배운 이로써 '한 줄 글이 부끄럽다'고 고백한다. 이 둘 사이의 대비는 시인에게 내재 된 겸손함을 강하게 드러낸다. 시바타 도요 할머니의 글쓰기는 그녀의 경험과 마음이 자연스럽게 담긴 산물이지만, 정시인은 오랜 시간 글쓰기를 배우고 익혔음에도 불구하고 여전히 자신의 글에 만족하지 못하고 있음을 고백한다. 이는 단순히 도요 시인을 부러워하는 차원을 넘어서, 자신의 글쓰기를 되돌아보고 더 나은 표현을 갈망하는 시인의 자세를 보여준다.

도요 할머니와 시인의 연령 차이는 시에서 중요한 상징적 요소다. 도요 할머니는 아흔 둘이라는 나이에 자연스럽게 글을 쓰기 시작했고, 반면 시인은 예순이 넘은 나이에도 여전히 자신이 부족하다고 느낀다. 이 나이의 대비는 단순히 시간의 차이를 나타내는 것이 아니라, 경험의 깊이와 글쓰기의 본질에 대한 통찰을 드러낸다.

시인의 내면에 깃든 끊임없는 탐구와 겸손한 마음가짐이 이 시를 특별하게 만들어 주고 있다.

4부: 거울 속 나와의 대화

손바닥을 활짝 펴
윈도우 브러쉬를 만든다
최강 속도 브러쉬가 쭈욱쭈욱
물줄기를 시원스레 닦아내더니
순간
힘 빠진 브러쉬는 가만히 파들거린다

두 손으로 어깨를 감싸고
도닥도닥
가만가만
두드린다
거울 속 여인네가 해맑게 보인다

_「거울」 부분

'거울'은 평범한 생활 속에서의 자기 성찰과 감정 해소를 표현한 시로, 거울을 통해 자기 자신과 마주하는 순간을 섬세하게 그려내고 있다.

 시의 첫 부분에서 화자는 긴 하루를 마친 후 거울 속 자신과 마주한다. '눈 하나 깜박 않고 쳐다본다'는 표현은 자신의 내면과 진지하게 대면하는 순간이고, 하루의 감정을 정리하고 자신과 대화하는 순간이다.

 화자는 거울 속 자신을 보며 입꼬리를 올리거나 눈을 크게 떠보는 작은 제스처를 취하는데, 이는 일상 속에 감추어진 감정의 해방을 나타낸다. 거울 속 모습이 자신을 따라 하는 것처럼, 이 장면은 마치 자신의 감정을 이해하고 공감하는 순간을 그린 것으로 볼 수 있다.

 시의 중간 부분에서 웃음과 눈물이 교차하는 모습이 등장한다. '팝콘 터지듯 웃음소리가 거울에 매달린다'는 표현은 하루 동안 억눌렀던 감정이 자연스럽게 해소되는 순간을 나타낸다. 웃음은 긍정적인 에너지의 발산으로 해석되며, 이를 통해 화자는 생활 속의 작은 기쁨을 표현하고 있다.

 하지만 그 웃음 뒤에는 억눌린 눈물도 함께 맺힌다. 눈물이 방울방울 맺히는 장면은, 그날 쌓인 피로와 감정적 무게를 나타낸다. 즉 인간의 감정이 다층적임을 보여주며, 기쁨과 슬픔이 교차하는 순간을 자연스럽게 그린다.

'손바닥을 활짝 펴 윈도우 브러쉬를 만든다'는 독특하면서도 생동감 있게 묘사된 부분이다. 손바닥을 윈도우 브러쉬에 비유한 장면은, 자신의 감정을 깨끗이 닦아내는 행위로 해석될 수 있다. 또한 그날의 감정적 혼탁함을 씻어내고 새로운 마음 상태로 전환하려는 시도를 나타낸다. 힘 빠진 브러쉬가 파들거리는 장면은, 삶의 피로와 고단함이 여전히 남아 있음을 보여준다. 이는 인간이 완벽하게 감정을 정리하기는 어렵다는 점을 표현한 것이다.

시의 마지막에서 시인은 두 손으로 어깨를 감싸고 도닥도닥 자신을 위로한다. 하루 동안의 스트레스를 벗어나기 위해, 자신을 위로하며 평온한 상태로 돌아가려는 모습이다. 이 장면에서 거울 속의 여인이 해맑게 보인다는 표현은, 스스로 위로한 결과로 마음이 정화되고 평화로워졌음을 나타낸다.

속 솜과 겉이 따로 놀아 돌돌 뭉친 이불
반짇고리 찾아
바늘귀에 실을 꽂느라
후후 불면
어느새 울 엄마 웃고 계시네

명주이불 곱기도 하다
쓰다듬는 손길따라
나도 슬몃 손을 잡는다
눈 어두워 바늘귀 어려우니
네가 하거라
나를 옆에 앉히고
하루해 저물도록 바느질하는
엄마 등 뒤로 햇살이 길다

맞잡은 손길 놓지 못해 머뭇거리는데
바늘귀 꿰줄까
딸이 냉큼 바늘을 잡는다
돌아보는 석양에 울 엄마가
명주처럼 곱게 웃고 계시다

_「바늘귀」 전문

'바늘귀'는 가족의 유대와 세대 간의 연결을 다룬 시로, 소소한 일상의 한 장면을 통해 따뜻한 감정과 추억을 상기시킨다.

참고로 밝혀 두자면, 바늘귀라는 개념과 용어는 한국만의 것이 아니다. 바늘귀는 세계적으로 매우 좁은 구멍을 비유적으로 사용한다. 영어로는 귀 대신 눈(eye)이라는 표현(eye of a needle)을 사용한다. 탈무드 전체에 걸쳐 여러 번 등장한다. 신약성경은 누가복음 18장 25절에서 "약대가 바늘귀로 들어가는 것이 부자가 하나님의 나라에 들어가는 것보다 쉬우니라"라고 말씀하신 것을 인용한다. 쿠란 7장 40절에도 "진실로 우리의 구절을 부인하고 그것에 대해 거만한 자들에게는 천국의 문이 그들에게 열리지 않을 것이며 낙타가 바늘귀에 들어갈 때까지 그들은 낙원에 들어가지 못할 것이다. 그리하여 우리는 범죄자들에게 보상한다."라고 이야기되어 있다.

정 시인에게, 바늘귀에 실을 꿰는 것은 삶의 어떤 상징적인 연결로 해석될 수 있으며, 어머니와 화자, 나아가 손녀로 이어지는 세대 간의 연결고리다. 바느질하는 손길은 단순한 노동이 아니라 세대를 잇는 전통과 사랑의 표현이다. '울 엄마 웃고 계시네'라는 구절에서, 과거의 어머니가 웃는 장면이 떠오르며, 어머니에 대한 추억과 현재가 교차한다.

시의 첫 부분에서, '속 솜과 겉이 따로 놀아 돌돌 뭉친 이불'이라는 묘사는 촉각적 이미지로, 삶의 불안정함과 겉과 속이 다른 혼란스러운 상태를 표현하고 있으며, '명주이불 곱기도 하다'는 것은, 시각적 아름다움이 강조되고 있다. 명주는 화자의 기억 속에서 어머니의 사랑과 정성을 나타내는 중요한 소재로 등장하며, 쓰다듬는 손길은 애정과 추억을 상기시킨다.

바늘귀를 꿰기 어려워하는 장면은 세월의 흐름과 노쇠를 의미한다. 눈이 어두워 바늘귀를 꿰기 어려워진 어머니는, 그 역할을 딸인 시인에게 넘겼고, 세월이 흘러 시인의 딸이 냉큼 바늘을 잡는 모습은, 그 변화가 부드럽고 자연스러우며, 기꺼이 수용되는 과정임을 나타낸다. 이 장면은 세대를 넘어서 가족의 지속성과 연대감을 잘 보여주고 있다. 이것은 어머니에서 딸로, 딸에서 또 다른 세대로 전승되는 사랑의 상징이다.

'돌아보는 석양에 울 엄마가/명주처럼 곱게 웃고 계시다'라는 마지막 행은 어머니에 대한 아름다운 기억이 여전히 현재에도 존재하고 있음을 나타낸다. 또한 석양의 이미지는, 시간이 지나면서도 어머니의 사랑과 정성이 변함없이 이어지고 있음을 잘 표현하고 있다.

 바늘귀를 꿰는 행위 속에서 세대 간의 연결과 사랑을 느낄 수 있는 매우 격조 높은 작품이다. 이 시는 한 생애를 오롯이 잘 살아낸 여인만이 쓸 수 있는 시다.

 정의순 시인의 시들은 전반적으로 삶의 작은 순간들을 예리하게 포착하고, 일상의 소소한 경험을 통해 인생의 의미를 되새기게 한다. 또한 독창적인 언어와 리듬, 감정의 절제된 표현, 형식과 내용의 균형, 그리고 상징과 이미지를 깊이 있게 전달하고 있다. 시들이 모두 평범한 단어들로 이루어져 있지만, 그 배치와 연결 방식이 특별하다. 그녀는 일상에서 흔히 쓰이는 언어를 낯설게 재배치하여 독자에게 새로운 시각적, 감각적 경험을 제공하고, 시적 사유를 깊이있게 끌어낸다.

 시인은 묘사와 철학적 사유의 능력이 탁월하다. 무슨 거대한 담론이나 특별한 상황이 아니더라도 독자들에게 깊은 감동과 재미와 사색의 기회를 제공한다. 시인은 독자들이 시 속에서 삶의 새로운 면을 발견하고, 시를 통해 인생의 의미를 되새길 수 있도록 안내한다. 이러한 점에서 그녀의 시는 단순한 언어적 유희를 넘어, 깊은 인간적 성찰을 제시하는 귀한 작품으로 평가될 수 있다.

 정의순 시인의 활기차고 빛나는 시작 활동에 박수를 보내며, 앞으로도 계속, 좋은 시집으로 독자들에게 사랑받으시길 소망해본다.